GOUVERNEMENT GÉNÉRAL DE L'ALGÉRIE

DÉPARTEMENT D'ORAN

BUDGET DÉPARTEMENTAL

DES

RECETTES ET DES DÉPENSES

EXERCICE 1882

ORAN

IMPRIMERIE DE L'ASSOCIATION OUVRIÈRE, HEINTZ, CHAZEAU ET Cie

BOULEVARD MALAKOFF, 16

1882

DÉPARTEMENT D'ORAN

BUDGET DÉPARTEMENTAL

DES

RECETTES ET DES DÉPENSES

EXERCICE 1882

ORAN

IMPRIMERIE DE L'ASSOCIATION OUVRIÈRE, HEINTZ, CHAZEAU ET Cⁱᵉ

BOULEVARD MALAKOFF, 16

1882

TABLE DES MATIÈRES

BUDGET ORDINAIRE

BUDGET EXTRAORDINAIRE

BUDGET ORDINAIRE

RECETTES ET DÉPENSES DÉPARTEMENTALES ORDINAIRES

EXERCICE 1882

RECETTES DÉPARTEMENTALES ORDINAIRES

DÉSIGNATION DES RECETTES	SOMMES ALLOUÉES au budget de 1881 soit par le décret de règlement soit par décisions modificatives	SOMMES VOTÉES par le Conseil général	RÈGLEMENT — SOMMES ALLOUÉES	RÈGLEMENT — OBSERVATIONS
RECETTES DE 1882				Ce chiffre représente la moyenne des recettes effectuées de 1877 à 1880 et des prévisions de recettes de 1881.
Art. 1er — Part revenant au département sur les produits de l'impôt arabe.	1.700.000 »	1.700.000 »	1.700.000 »	
Art. 2.— Produits éventuels du budget ordinaire :				
1° Revenus des propriétés départementales. (*Décret du 23 septembre 1875, art. 58, § 4*) :				
Loyers de terrains et de bâtiments				
Intérêts de capitaux et arrérages de rentes appartenant au département.				
Revenus de la pépinière départementale.				
Revenus d'établissements d'eaux minérales.	»	»	»	
Vente d'arbres abattus ou élagués.				
Vente de chevaux, taureaux, etc				
Vente de cartes topographiques et de l'inventaire des archives.				
2° Produit des expéditions d'anciennes pièces ou d'actes de la préfecture déposés aux archives. (*Décret du 23 septembre 1875, art. 58, § 5*).	75 »	70 »	70 »	
3° Produit des droits de péage et des autres droits concédés au département. (*Décret du 23 septembre 1875, art. 58, § 6*) :				
Bacs et passages d'eau situés sur les routes départementales.				
Péages sur les routes départementales.				
Amendes pour contraventions en matière de roulage. (*Décret du 3 novembre 1855*). 1.800 »				
Amendes et confiscations affectées au service des enfants assistés. (*Arrêté du 25 floréal an VIII, ordonnance du 30 décembre 1823 et loi du 5 mai 1869*). 300 »	2.100 »	2.100 »	2.100 »	
4° Subventions pour les dépenses du budget ordinaire :				
Subventions allouées sur les fonds de l'État. *Décret du 23 septembre 1875, art. 58 § 7*).				
Subventions de l'État pour le service des enfants assistés. (*Loi du 5 mai 1869*) 2.000 »				
Fondations, dons et legs spéciaux au profit des enfants assistés. »				
Contingent des communes pour le même service. 8.000 »				
Remboursement par les départements étrangers et les particuliers des frais d'entretien d'enfants admis à l'assistance départementale 190 »	18.975 »	18.975 »	18.975 »	
Aliénés. { Contingent des communes / Contingent des familles. } 5.810 »				
Enfants du premier âge (*Loi du 23 décembre 1874*). { Subvention de l'État. 575 » / Remboursement par les départements. 1.000 » }				
Subvention pour logement des officiers de gendarmerie 1.400 »				
A Reporter.	1.721.150 »	1.721.145 »	1.721.145 »	

DÉSIGNATION DES RECETTES	SOMMES ALLOUÉES au budget de 1881 soit par le décret de règlement soit par décisions modificatives	SOMMES VOTÉES par le Conseil général	RÈGLEMENT	
			SOMMES ALLOUÉES	OBSERVATIONS
Report.	1.721.150 »	1.721.145 »	1.721.145 »	
5° Ressources éventuelles du service vicinal et des chemins de fer d'intérêt local :				
Chemins vicinaux de grande communication { Subvention de l'État.. . . . . / Contingents et offres des communes, souscriptions particulières, subventions industrielles, bacs et passages d'eau.				
Chemins vicinaux d'intérêt commun { Subvention de l'État . . . . / Contingents et offres des communes, souscriptions particulières et subventions industrielles	156.124.90	172.413 »	172.413 »	
Chemins ordinaires { Subvention de l'État . . . . / Contingents et offres des communes. (*Loi spéciale du*). .				
Contigent des communes pour les dépenses qui intéressent les trois catégories de chemins vicinaux . . . . 172.413 »				
Chemins de fer { Subvention de l'État . . . . / Contingent des communes. / Souscriptions particulières.				
6° Remboursement d'avances :				
Remboursement des avances faites pour travaux d'intérêt public				
Retenues afférentes aux coupons des obligations départementales ; droits de transferts, etc. (*Loi du 29 Juin 1872*).	»	»	»	
Reversement pour trop-payé sur les ressources ordinaires				
7° Remboursement de frais de transport d'indigents.	200 »	200 »	200 »	
8° Part contributive de l'État et des communes dans les dépenses d'entretien des vieillards et des incurables	»	50.000 »	50.000 »	
Total des recettes du budget ordinaire. . . .	1.877.474.90	1.943.758 »	1.943.758 »	

DÉPENSES DÉPARTEMENTALES ORDINAIRES

DÉSIGNATION DES DÉPENSES	SOMMES ALLOUÉES au budget de 1881 soit par le décret de règlement, soit par décisions modificatives	SOMMES VOTÉES par le Conseil général	RÈGLEMENT SOMMES ALLOUÉES	OBSERVATIONS
SOUS-CHAPITRE 1ᵉʳ				
DÉPENSES OBLIGATOIRES (Décret du 23 septembre 1875, articles 60 et 61)				
HÔTELS DE PRÉFECTURE ET DE SOUS-PRÉFECTURES				
ART. 1ᵉʳ. — Entretien des bâtiments de l'hôtel et des bureaux de la Préfecture	4.000 »	4.000 »	4.000 »	
ART. 2. — Entretien des hôtels et des bureaux de Sous-Préfectures, savoir : Arrondissement de Mostaganem. . . . . . . 1.000 » Id. de Tlemcen. . . . . 1.000 »	2.000 »	2.000 »	2.000 »	
ART. 3. — Loyer de l'hôtel et des bureaux de la Préfecture. .	4.650 50	4.650 50	4.650 50	
ART. 4. — Loyers des hôtels et des bureaux des Sous-Préfectures de Mascara . . . . 4.205 50 Sidi-bel-Abbès. . . . . 3.001 »	7.206 50	7.206 50	7.206 50	
ART. 5. — Réparations locatives aux bâtiments de la Sous-Préfecture de Mascara . . . . 500 » de Bel-Abbès . . . . 500 »	1.000 »	1.000 »	1.000 »	
MOBILIER DES HÔTELS DE PRÉFECTURE ET DE SOUS-PRÉFECTURES, BUREAUX CIVILS DU TERRITOIRE DE COMMANDEMENT				
Hôtel de Préfecture				
La valeur du mobilier de la Préfecture, reconnue par récolement d'inventaire, était au 1ᵉʳ janvier 1880 de . . . . 82.464 03 Alloué pour augmentation au budget de 1880 . . . . 6.619 » } 89.083 03 A déduire la valeur du mobilier réformé en 1881 . » » Valeur au 1ᵉʳ octobre 1881. . . . . 89.083 03				
ART. 6. { Acquisition. . . . . } Réparations extraordinaires. . . . . } Entretien. . . . . } 4.450 »	4.350 »	4.450 »	4.450 »	1/20 réglementaire.
Hôtels de Sous-Préfectures				

ART. 7.	ARRONDISSEMENTS	VALEUR du mobilier au 31 décembre 1879	CRÉDITS votés pour entretien et acquisition			
	Mostaganem.	18.811 25	900 »	3.822 »	2.350 »	2.350 »
	Tlemcen.	7.789 62	390 »			
	Mascara.	11.174 42	560 »			
	Sidi-bel-Abbès.	13.213 55	500 »			

Bureau civil de la division

ART. 8. —		699 15	100 »	100 »	100 »	1.000 »

	SOMMES ALLOUÉES	SOMMES VOTÉES	SOMMES ALLOUÉES	
A reporter.	27.129 »	25.757 »	25.757 »	

DÉSIGNATION DES DÉPENSES	SOMMES ALLOUÉES au budget de 1881 soit par le décret de règlement, soit par décisions modificatives	SOMMES VOTÉES par le Conseil général	RÈGLEMENT — SOMMES	RÈGLEMENT — OBSERVATIONS
Report.	27.129 »	25.757 »	25.757 »	
SERVICE DÉPARTEMENTAL DE L'INSTRUCTION PUBLIQUE				
ART. 8 bis. — Loyer et entretien du local nécessaire à la réunion du Conseil départemental d'instruction publique. .	»	»	»	
ART. 9. — Loyer et entretien du bureau de l'Inspecteur d'académie	1.200 50	»	1.200 50	Reporté du Sous-Chapitre XIII.
ART. 9 bis. — Mobilier du local affecté au service de l'instruction publique : Acquisitions . . . . Réparations extraordinaires . . . . Entretien	50 »	50 »	50 »	
CASERNEMENT ORDINAIRE DES BRIGADES DE GENDARMERIE				
ART. 10. — Entretien des casernes appartenant au département et situées dans les villes ou communes ci-après :	18.300 »	19.900 »	19.900 »	
ART. 11. — Loyer des casernes au nombre de 12	34.700 »	31.507 »	31.507 »	
ART. 12. — Réparations locatives aux casernes de Gendarmerie	5.900 »	5.300 »	5.300 »	
ART. 13. — Éclairage des casernes. Remplacement des drapeaux placés sur ces bâtiments	2.150 »	2.150 »	2.150 »	
ART. 13 bis. — Indemnité de literie aux militaires admis dans la gendarmerie (*Décret du 18 février 1863, avis du Conseil d'État du 11 mars 1875*)	»	»	»	
COURS D'ASSISES, TRIBUNAUX, JUSTICES DE PAIX				
ART. 14. — Entretien des bâtiments occupés par les tribunaux, savoir :	2.600 »	2.600 »	2.600 »	
A reporter.	91.436 50	87.264 »	88.464 50	

Détail de l'ART. 10 :

Saint-Cloud . . .	300 »		*Report.* . . 12.200 »	
Lourmel	500 »		Nemours	400 »
Aïn-el-Arba. . . .	200 »		Aïn-Temouchent. .	600 »
Saint-Louis . . .	500 »		Bel-Abbès.	600 »
Arzew	700 »		Sᵗᵉ-Barbe-du-Tlélat.	400 »
Mostaganem (ville)	1.200 »		Mercier-Lacombe .	800 »
La Macta.	800 »		Lamoricière. . . .	300 »
Aïn-Tédelès . . .	800 »		L'Hillil	500 »
Aïn-Nouissy . . .	800 »		Renault.	800 »
Zemmorah	800 »		Tiaret.	800 »
Misserghin. . . .	200 »		Oued-el-Hammam .	900 »
Sig.	300 »		Zelamta.	200 »
Inkermann. . . .	600 »		Remchi	200 »
Perrégaux	700 »		Sebdou	200 »
Relizane	600 »		Ammi-Moussa. . .	200 »
Mascara	600 »		Frendah	200 »
Pont-de-l'Isser . .	800 »		Cassaigne.	200 »
Tlemcen	1.800 »		Mers-el-Kebir. . .	200 »
			Oued-Imbert . . .	200 »
A reporter. . . 12.200 »				

Détail de l'ART. 11 :

GENDARMERIE D'ORAN	Montant		Report . . 23.600 »	
Saint Antoine . .	12.500 »		GENDARMERIES DE :	
La Marine	2.400 »		Andalouses	1.800 »
Karguentah . . .	2.200 »		Oued-Taria	300 »
GENDARMERIES DE :			Sidi-Ali-ben-Youb .	1.900 »
			La Rahouïa	600 »
Saïda.	2.500 »		Hennaya	1.800 »
Marnia.	2.000 »		Beni-Saf	1.500 »
Bouguirat	2.000 »		Timbres de quittances.	7 »
A reporter. . . 23.600 »			TOTAL. . . 31.507 »	

Détail de l'ART. 14 :

Tribunal d'Oran.	1.000 »	
Id. de Mostaganem	800 »	
Id. de Tlemcen	800 »	

DÉSIGNATION DES DÉPENSES	SOMMES ALLOUÉES au budget de 1881 soit par le décret de règlement, soit par décisions modificatives	SOMMES VOTÉES par le Conseil général	RÈGLEMENT — SOMMES ALLOUÉES	OBSERVATIONS
Report.	91.436 50	87.264 »	88.464 50	
Art. 15. — Loyer des bâtiments occupés par les tribunaux :				
Tribunal de Mascara . . . . 5.500 »				
Id. de commerce d'Oran. . . . . 3.200 »				
Id. musulman de Sᵗᵉ-Barbe du Tlélat. . 450 »				
Id. id. d'Aïn-Temouchent. . . . 360 »				
Id. id. de Saint Denis-du-Sig. . 270 »				
Id. id. d'Aïn-Tédelès. . . . . . 200 »				
Id. id. de Mazouna. . . . . . . 240 »				
Id. id. d'Aïn-Noüissy . . . . . 144 »				
Id. id. de Tlemcen. . . . . . . 600 »				
Id. id. de Lamoricière. . . . . 180 »				
Id. id. de l'Oued-Taria. . . . 200 »				
Id. id. de Perrégaux. . . . . . 240 »				
Id. id. de Relizane. . . . . . . 200 »				
Id. id. d'Hennaya . . . . 300 »				
Id. id. de Mostaganem . . . . . 400 »	13.812 »	15.616 »	15.616 »	
Id. id. de Bouguirat. . . . . . 300 »				
Id. id. de Cassaigne . . . . . . 180 »				
Id. id. d'Aïn-el-Arba . . . . . 240 »				
Id. id. de Sidi-bel-Abbès. . . . 600 »				
Id. id. de Sebdou . . . . 180 »				
Id. id. de Zemmorah. . . . . . 180 »				
Id. id. d'Ammi-Moussa. . . . . 180 »				
Id. id. de Sidi-Snoussi. . . . . 180 »				
Id. id. de Frendah. . . . . . . 180 »				
Id. id. de Tiaret; . . . . 180 »				
Id. id. de Haddad. . . . . . . 180 »				
Id. id. de Saïda . . . . 180 »				
Id. id. de Beni-Riman . . . . . 180 »				
Id. id. Nemours. . . . . 180 »				
Timbres de quittances. . . . . 12 »				
Art. 16. — Réparations locatives et éclairage des bâtiments :				
Tribunal civil d'Oran. . . . . 300 »				
Id. de Mostaganem . . . . 100 »				
Id. de Tlemcen . . . . 75 »	1.152 »	552 »	552 »	
Id. de Mascara. . . . . 75 »				
Timbres de quittances. . . . . 2 »				
Art. 17. — Entretien du mobilier de la cour d'assises et des tribunaux (non compris le greffe et ses accessoires) :				
Tribunal civil d'Oran. . . . . 200 »				
Id. de Mostaganem . . . . 150 »				
Id. de Tlemcen . . . . 150 »				
Id. de Mascara. . . . . 150 »	1.615 »	2.115 »	2.115 »	
Tribunal de Commerce d'Oran . . . . 100 »				
Pour les 27 Mahakmas, à 50 francs chacune . 1.350 »				
Timbres de quittances . . . . 15 »				
Art. 18. — Achat de meubles pour le tribunal :				
d'Oran. . . . . 600 »				
de Tlemcen . . . . 300 »				
de Mostaganem. . . . . 300 »	1.605 »	1.605 »	1.605 »	
de Mascara. . . . . 300 »				
de commerce d'Oran . . . . 100 »				
Timbres de quittances . . . . 5 »				
Art. 19. — Menues dépenses de la cour d'assises et des tribunaux :				
Cour d'assises d'Oran. . . . . 500 »				
Tribunal civil d'Oran . . . { 1° Siège. . . . . 1.300 »				
2° Parquet, y compris 150 fr. pour frais d'assistance judiciaire. . . . . 1.600 »				
A Reporter.	109.620 50	107.152 »	108.352 50	

DÉSIGNATION DES DÉPENSES	SOMMES ALLOUÉES au budget de 1881 soit par le décret de règlement soit par décisions modificatives	SOMMES VOTÉES par le Conseil général	RÈGLEMENT — SOMMES ALLOUÉES	OBSERVATIONS
Report......	109.620 50	107.152 »	108.352 50	
Tribunal de commerce d'Oran......... 100 »				
Tribunal civil de Mostaganem — 1° Siège... 600 »; 2° Parquet, y compris 150 fr. pour frais d'assistance judiciaire... 1.400 »				
Tribunal civil de Tlemcen — 1° Siège... 600 »; 2° Parquet, y compris 150 fr. pour frais d'assistance judiciaire... 1.400 »				
Tribunal civil de Mascara — 1° Siège... 600 »; 2° Parquet, y compris 150 fr. pour frais d'assistance judiciaire... 1.200 »; Timbres de quittances... 8 »	9.108 »	9.408 »	18.623 »	Reporté du sous-chapitre II, art. 14.
ART. 20. — Menues dépenses des justices de paix......	2.469 »	2.770 »	13.595 50	Id.

Détail de l'art. 20 :

Oran......	100 »	*Report*...	1.725 »	
Mostaganem...	100 »	Perrégaux.....	125 »	
Mascara......	100 »	Inkermann....	150 »	
Tlemcen......	125 »	Nemours.....	125 »	
Saint-Denis-du-Sig	150 »	Lamoricière....	125 »	
Saint-Cloud...	125 »	Sebdou......	125 »	
Sidi-bel-Abbès..	300 »	Cassaigne.....	125 »	
Tiaret......	125 »	Daya.......	125 »	
Aïn-Témouchent.	200 »	Zemmorah....	125 »	
Relizane.....	150 »	Timb. de quittances	20 »	
Saïda.......	125 »			
Tlélat......	125 »	**Total**..	2.770 »	
A reporter.. 1.725 »				

DÉSIGNATION DES DÉPENSES	SOMMES ALLOUÉES 1881	SOMMES VOTÉES	SOMMES ALLOUÉES	OBSERVATIONS
ART. 21. — Indemnité de 5 0/0 aux agents de la voirie chargés des bâtiments..................	2.160 »	1.962 50	»	Reporté au sous-chapitre II.

FRAIS D'IMPRESSION

DÉSIGNATION DES DÉPENSES	SOMMES ALLOUÉES 1881	SOMMES VOTÉES	SOMMES ALLOUÉES	OBSERVATIONS
ART. 22. — Frais d'impression et de publication des listes pour les élections consulaires...... / Frais d'impression des cadres pour la formation des listes électorales et des listes du Jury........	1.800 »	1.800 »	1.800 »	
Total du Sous-Chapitre 1er......	125.157 50	123.092 50	242.371 »	

SOUS-CHAPITRE II

PROPRIÉTÉS DÉPARTEMENTALES IMMOBILIÈRES

Travaux, acquisitions, échanges, etc.

ART. 1er. — Réparations aux bâtiments de

Montant du projet................

Montant du devis supplémentaire.......

L'adjudication passée le   a réduit la dépense à.

Il a été payé antérieurement à 18....

Il a été alloué au budget de 18.....

Reste à créditer......

On propose d'allouer au présent budget....

DÉSIGNATION DES DÉPENSES	SOMMES ALLOUÉES au budget de 1881 soit par le décret de règlement soit par décisions modificatives	SOMMES VOTÉES par le Conseil général	RÈGLEMENT SOMMES ALLOUÉES	OBSERVATIONS
ART. 2. — Entretien des bâtiments des prisons : Prison civile d'Oran. 1.000 » ; id. de Tlemcen 500 » ; id. de Mascara. 500 » ; id. de Bel-Abbès 500 » ; id. de Tiaret. 200 » ; id. de Mostaganem 1.000 » ; id. du Sig. 200 »	3.300 »	3.900 »	3.900 »	
ART. 3. — Réparations locatives aux bâtiments des prisons : Prison civile d'Aïn-Temouchent.	1.400 »	200 »	200 »	
ART. 4. — Entretien des bâtiments de l'orphelinat des filles de Misserghin.	1.500 »	1.500 »	1.500 »	
ART. 5. — Construction d'un hôtel de préfecture à Oran.	»	»	»	
ART. 6. — Constructions et grosses réparations à divers bâtiments : Grosses réparations à exécuter : Tribunal civil de Mostaganem 2.400 » ; Gendarmerie de Mascara. 1.700 » ; id. de Lourmel 1.200 » ; id. d'Aïn-el-Arba 1.200 » ; id. de St-Cloud 1.000 »	10.850 »	7.500 »	7.500 »	
ART. 7. — Indemnité de 5 0/0 aux agents de la voirie chargés des bâtiments.	900 »	1.079 07	3.041 57	Un crédit de 1.902 50 a été reporté du sous-chapitre 1er.
ART. . — Établissement thermal d appartenant au département.				
ART. . — Pépinière départementale				
ART. 8. — Assurances des bâtiments départementaux contre les risques de l'incendie.	2.500 »	2.500 »	2.500 »	
ART. . — Contributions dues pour les propriétés du département.				
ART. 9. — Chauffage et éclairage du corps de garde de la préfecture	300 »	300 »	300 »	
ART. 10. — Frais d'illumination des édifices, les jours de fêtes publiques.	5.000 »	5.000 »	5.000 »	
ART. 11. — Gages des concierges de préfectures et de sous-préfectures.	3.60) »	3.610 »	3.610 »	
ART. 12. — Gages du jardinier de la Préfecture.	1.081 50	1.081 50	1.081 50	
ART. 13. — Éclairage de la loge du concierge, des galeries et des couloirs de la préfecture	400 »	400 »	600 »	
ART. 14. — Rétribution des concierges et chaouchs des tribunaux : Tribunal civil d'Oran. 1 concierge. 900 » ; id. id. 3 chaouchs à 900 fr. 2.700 » ; Tribunal de commerce d'Oran, 1 concierge 800 » ; id. civil de Mostaganem, 1 concierge 800 » ; id. id. 1 chaouch 800 » ; id. de Tlemcen 1 concierge 800 » ; id. id. 1 chaouch 800 » ; id. de Mascara, 1 concierge 800 » ; id. id. 1 chaouch 800 » ; Timbres de quittances 15 »	9.115 »	9.215 »	»	Reporté au sous-chapitre 1er
ART. 15. — Rétributions des chaouchs des justices de paix : Oran 600 » ; Mostaganem 600 » ; Mascara 600 » ; Tlemcen 600 » ; Saint-Denis-du-Sig 600 » ; Saint-Cloud. 600 » ; Sidi-bel-Abbès 600 » ; Tiaret 600 » ; Aïn-Temouchent 600 » ; Zemmorah 600 » ; A reporter. 6.000 » — Report 6.000 » ; Relizane 600 » ; Saïda 600 » ; Tlélat 600 » ; Perrégaux. 600 » ; Inkermann 600 » ; Nemours 600 » ; Lamoricière. 600 » ; Cassaigne 600 » ; Timb. de quittance. 25 50	10.225 50	10.825 50	»	Id.
Total du sous-chapitre II.	50.182 »	47.311 07	29.233 07	

DÉSIGNATION DES DÉPENSES	SOMMES ALLOUÉES au budget de 1881 soit par le décret de règlement, soit par décisions modificatives	SOMMES VOTÉES par le Conseil général	RÈGLEMENT	
			SOMMES ALLOUÉES	OBSERVATIONS

SOUS-CHAPITRE III

ROUTES DÉPARTEMENTALES

§ 1er ENTRETIEN

La longueur totale des routes départementales dont le classement a été prononcé par décrets ou ordonnances, ou par délibérations du Conseil général, est de . . . 57.500 »

La longueur des routes arrivées à l'état d'entretien au 31 décembre 1880 était de . . . . 46.500 »

Il a été ou sera construit dans la campagne de 1881, en routes neuves. . . . . »

La longueur des routes départementales à l'état d'entretien, au 1er janvier 1882, sera de . . . . . 46.500 »

Il est demandé, pour l'entretien de ces routes en 1882, une somme de 45,000 fr., répartie conformément au cadre ci-après :

Art. 1.	NUMÉROS D'ORDRE des routes	DÉSIGNATION de chaque route conforme à l'ordonnance au décret ou à la délibération qui en a prononcé le classement	Longueur totale en mètres	Longueur à l'état d'entretien	Longueur en construction	Longueur en lacune	ÉVALUATION de la dépense de l'année	
							Travaux à forfait (A)	Entretien (B)
	1.	Mostaganem à Mascara	57.500	46.500	10.200	800	25.000	20.000

(A) Entretien et réparations ordinaires de chaque route et des ouvrages d'art qui en font partie.
(B) Entretien entre Perrégaux et Oued-el-Hammam.

§ 2. CONSTRUCTIONS, GROSSES RÉPARATIONS, TRAVAUX NEUFS, AMÉLIORATION DES ROUTES DÉPARTEMENTALES

Indemnités pour dépossessions d'immeubles ; indemnités aux ingénieurs et conducteurs, personnel des conducteurs et agents secondaires.

Il convient d'indiquer dans cette colonne, pour chaque route, le montant des subventions communales ou particulières qu'elles auraient obtenues, afin d'établir la concordance avec ces mêmes subventions portées en recette, à la page 4 ; une accolade réunira ces subventions au vote départemental pour chaque route, afin de ne faire sortir qu'un chiffre dans les autres colonnnes.

(Donner la situation des travaux adjugés, des indemnités de terrains à payer, des crédits ouverts et de ceux qui restent à ouvrir dans la forme des exemples du sous-chapitre II.)

ART. . — Réserve pour travaux imprévus.. . . . .

ART. . — Traitements, salaires et frais de déplacement des conducteurs et autres agents attachés au service des routes départementales . . . .

ART. . — Dépenses diverses :

1° Loyers de bâtiments ou terrains, secours à des ouvriers blessés . . . .

2° Frais de levé de plans, d'expertise et de recherche de matériaux. . . . .

NOTA. — Cet article ne doit servir qu'aux dépenses qui y sont désignées. Chaque article de crédit, par route (et par pont ou autre ouvrage d'art lorsqu'il est crédité spécialement), reçoit l'imputation de toutes les autres dépenses, savoir : les travaux, les acquisitions les indemnités de terrain, les frais accessoires et salaires des cantonniers et ouvriers supplémentaires lorsqu'il y a lieu.

ART. . — Indemnités proportionnelles à accorder aux ingénieurs des ponts et chaussées. . . . .

ART. . — Indemnités extraordinaires pour les ingénieurs et conducteurs . . . .

ART. . — Frais de poursuites pour contraventions en matière de roulage sur les routes départementales. (*Décret du 3 novembre 1855*).

	SOMMES ALLOUÉES	SOMMES VOTÉES	SOMMES ALLOUÉES
	45.000 »	50.000 »	50.000 »
Total du sous-chapitre III. . .	45.000 »	50.000 »	50.000 »

	SOMMES ALLOUÉES au budget de 1881 soit par le décret de règlement soit par décisions modificatives	SOMMES VOTÉES par le Conseil général	RÈGLEMENT	
DÉSIGNATION DES DÉPENSES			SOMMES ALLOUÉES	OBSERVATIONS

SOUS-CHAPITRE IV

CHEMINS VICINAUX, CHEMINS DE FER D'INTÉRÊT LOCAL

§ 1er. CHEMINS VICINAUX

Il est demandé, pour ce service, en 1882, une somme de savoir :
Sur ce produit des centimes spéciaux . . . .
Sur les ressources éventuelles de la vicinalité. . . . .
Sur les autres ressources du budget ordinaire. . . . .

TOTAL. . . . . .

Chemins de grande communication

La longueur des chemins de grande communication est de. . . . 1.336.660ᵐ

Au 31 décembre 1880, la longueur parvenue à l'état d'entretien
était de 500.100

Il a été ou sera construit en 1881. . . . . »

La longueur des chemins de grande communication à l'état d'entretien, au 1er janvier 1882, sera de. 500.100

Il est demandé pour les travaux de ces lignes une somme de 478.153
répartie conformément au cadre ci-après :

Nos des Articles	Nos des Chemins	DÉSIGNATION des CHEMINS	Sur la subvention du département		Sur la subvention de l'État		Contingents communaux, souscriptions, etc.		TOTAL	
			Entretien	Trav. neufs	Entretien	Trav. neufs	Entretien	Trav. neufs	Entretien	Trav. neuf
ART. 1	1	Relizane à Tiaret.....	75.000	»	»	»	12.543	»	87.543	»
	2	Mascara à Tiaret.....	25.000	»	»	»	10.850	»	35.850	»
	3	Bel-Abbès à Daya	17.000	»	»	»	6.500	»	23.500	»
	4	Tlemcen à Sebdou....	35.000	»	»	»	4.150	»	39.150	»
	5	Marnia à Nemours....	25.600	»	»	»	3.600	»	28.600	»
	6	D'Arzew au Sig	10.000	»	»	»	6.100	»	16.100	»
	7	Du Sig à Perrégaux ..	17.000	»	»	»	4.200	»	21.200	»
	8	Mostaganem à Pont-du-Chéli..........	25.000	»	»	»	10.650	»	35.650	»
	9	D'Assi-Ameur au Sig.	10.000	»	»	»	4.140	»	14.140	»
	10	Ceinture de la M'léta.	15.000	»	»	»	9.800	»	24.800	»
	11	Inkermann à Ammi-Moussa............	10.000	»	»	»	5.300	»	15.300	»
	12	Ammi-Moussa à Tiaret	5.000	»	»	»	»	»	5.000	»
	13	Tlélat à Bel-Abbès ...	40.000	»	»	»	8.900	»	48.900	»
	14	Trembles au Sig.. ..	5.000	»	»	»	»	»	5.000	»
	15	Arzew au Tlélat......	4.000	»	»	»	1.000	»	5.000	»
	16	Lamoricière à Pont-de-l'Isser	6.000	»	»	»	3.650	»	9.650	»
	17	Perrégaux à Bouguirat par El-Romri..	2.000	»	»	»	6.200	»	8.200	»
	18	Bel-Abbès à la mer par Aïn-Temouchent....	3.000	»	»	»	6.600	»	9.600	»
	19	Mers-el-Kebir à Aïn-el-Turck, longeant la mer	»	»	»	»	»	»	»	»
	20	Mostaganem au quai d'embarquement....	»	»	»	»	500	»	500	»
	21	Mascara à Tiaret par Fortassa et Tegdempt	5.000	»	»	»	12.300	»	17.300	»
	22	L'Hillil à Cacherou par El-Bordj (entre l'Hillil et El-Kalâa)	1.000	»	»	»	4.300	»	5.300	»
	23	Tiaret à Teniet	1.000	»	»	»	270	»	1.270	»
	24	Fortassa à Relizane..	2.000	»	»	»	3.000	»	5.000	»
	25	Bel-Abbès à Hammam bou-Hadjar	5.000	»	»	»	600	»	5.600	»
	26	Perrégaux à la Macta.	5.000	»	»	»	»	»	5.000	»
	28	Sig à Mostaganem par Mocta-Douz........	5.000	»	»	»	»	»	5.000	»
		TOTAUX....	353.000	»	»	»	125.153	»	478.153	»

Les totaux généraux : 790.669 60 | 478.153 » | 478.153 »

A reporter. . . . . .   790.669 60   478.153 »   478.153 »

DÉSIGNATION DES DÉPENSES	SOMMES ALLOUÉES au budget de 1881 soit par le décret de règlement, soit par décisions modificatives	SOMMES VOTÉES par le Conseil général	RÈGLEMENT — SOMMES ALLOUÉES	OBSERVATIONS
Report.	790.669 60	478.153 »	478.153 »	

Chemins d'intérêt commun

La longueur des chemins d'intérêt commun classés par le Conseil général est de . . . . 428.070 »

Au 31 décembre 1880, la longueur parvenue à l'état d'entretien était de. . . . . 143.400 »

Il a été ou il sera construit en 1881 . . . . »

La longueur des chemins d'intérêt commun, au 1er janvier 1882, sera de . . . . 143.400 »

Il est demandé pour les travaux de ces lignes une somme de 145.260 » répartie conformément au cadre ci-après :

Nos des chemins	DÉSIGNATION des CHEMINS	Sur la subvention du département — Entretien	Sur la subvention du département — Trav. neufs	Sur la subvention de l'État — Entretien	Sur la subvention de l'État — Trav. neufs	Contingents communaux, souscriptions, etc. — Entretien	Contingents communaux, souscriptions, etc. — Trav. neufs	TOTAL — Entretien	TOTAL — Trav. neufs
1	Mers-el-Kebir à Bou-Tlélis par El-Ansor.	10.000	»	»	»	3.650	»	13.650	»
2	Sig à Perrégaux......	6.000	»	»	»	900	»	6.900	»
3	Bel-Abbès à Magenta.	40.000	»	»	»	4.950	»	44.950	»
4	Aïn-Tédelès à Sourk-el-Mitou	2.000	»	»	»	1.730	»	3.730	»
5	Saint-Cloud à Oran par Arcole.........	2.000	»	»	»	6.780	»	8.780	»
6	La Sénia à Misserghin.	30.050	»	»	»	1.950	»	32.000	»
7	Aïn-Beïda à Aïn-el-Arba..............	5.000	»	»	»	1.300	»	6.300	»
8	Oran au Tlélat par Sidi-Chami.........	8.000	»	»	»	8.150	»	16.150	»
9	Tounin à Pont-du-Chélif	2.000	»	»	»	2.000	»	4.000	»
10	Cacherou à Thiersville par Matemore......	2.000	»	»	»	»	»	2.000	»
11	Sidi-Brahim à Mercier-Lacombe......	1.000	»	»	»	2.150	»	3.150	»
12	Hennaya à Nedromah.	»	»	»	»	13.700	»	13.700	»
13	Tlemcen à Beni-Saf..	10.000	»	»	»	»	»	10.000	»
17	Stidia à Aïn-Tédelès..	25.000	»	»	»	»	»	25.000	»
	Totaux.....	143.050	»	»	»	47.260	»	190.310	»

The road table above carries in the right-hand summary columns (Art. 2): 125.246 60 | 190.310 » | 190.310 »

Art. . — Subvention pour les travaux de chemins ordinaires :
Réseau subventionné en vertu de la loi du 11 juillet 1868 (2) . . . . . .
Réseau non subventionné . . . .

Art. . — Subvention aux communes pour le remboursement d'emprunts contractés à la caisse des chemins vicinaux. . . . .

Art. , — Réserve pour travaux imprévus. . . . .

Art. 3.— Traitement des agents voyers.

Savoir :	SUBVENTION du département	SUBVENTION de l'État	CONTINGENTS communaux	TOTAL
1 Agent voyer en chef de 1re classe ..	16.000 fr.	»	»	16.000 fr.
1 id. inspecteur de 1re classe	8.000 »	»	»	8.000 »
1 id. principal de 2e id.	4.000 »	»	»	4.000 »
2 id. ordinaires de id.	8.400 »	»	»	8.400 »
1 id. id. 3e id.	4.500 »	»	»	4.500 »
2 id. id. 4e id.	7.200 »	»	»	7.200 »
1 id. id. 5e id.	3.100 »	»	»	3.100 »
1 id. comptable de 4e id.	2.100 »	»	»	2.100 »
1 id. dessinateur.	2.800 »	»	»	2.800 »
3 id. auxiliaires	8.400 »	»	»	8.400 »
1 id. id.	2.100 »	»	»	2.100 »
1 garçon de bureau.	960 »	»	»	960 »
1 agent voyer architecte (Indemnité)	1.000 »	»	»	1.000 »
Totaux	68.560 »	»		68.560 »

The Art. 3 summary carries in the right-hand columns: 63.360 » | 68.560 » | 68.560 »

A reporter . . . . 970.276.20 | 737.023 » | 737.023 »

DÉSIGNATION DES DÉPENSES	SOMMES ALLOUÉES au budget de 1881 soit par le décret de règlement soit par décisions modificatives	SOMMES VOTÉES par le Conseil général	RÈGLEMENT	
			SOMMES ALLOUÉES	OBSERVATIONS
Report.	979.276.20	737.023 »	737.023 »	
Art. . — Frais de poursuites pour contraventions en matières de roulage sur les chemins vicinaux. (*Décret du 3 novembre 1855*).				
Art. 4. — Dépenses diverses, recherches de matériaux, etc. .	6.000 »	6.000 »	6.000 »	
Art. 5. — Indemnités aux agents-voyers pour frais de chaouchs chargés des courses de services	»	4.210 80	4.210 80	
Art. . — Dépenses des chemins ordinaires imputables sur les contingents communaux. Loi spéciale du				
Art. . — Dépenses d'intérêt collectif imputables sur les contingents communaux pour le service des trois catégories de lignes vicinales.				
§ 2. — Chemins de fer d'intérêt local (Décret du 7 mai 1874)				
Articles non reproduits	5.200 »	»	»	
Total du sous chapitre IV.	990.476 20	747.233 80	747.233 80	

SOUS-CHAPITRE V.

ENFANTS ASSISTÉS

(Loi du 5 mai 1869)

DÉSIGNATION DES DÉPENSES	SOMMES ALLOUÉES	SOMMES VOTÉES	SOMMES ALLOUÉES	OBSERVATIONS
Art. 1er. — Dépenses du service intérieur (1) : Nourrices sédentaires . . . . 300 » ; Layettes pour un nombre moyen de 20 enfants. 500 » ; Frais de séjour à l'hospice dépositaire pour un nombre moyen de 3 enfants au dessous de 12 ans. 1.350 » ; Frais de traitement dans les hôpitaux . . . . . 2.500 » ; Id. enfants de 12 à 21 ans.	800 »	4.650 »	4.650 »	(1) Y compris 1/5 à la charge de l'État. (art. 5, § 5).
Art. 2. — Dépenses du service extérieur, savoir (2) : Orphelinat. . . . . 18.000 » ; Secours temporaires aux filles mères et aux familles indigentes . . . . 32.150 » ; Frais d'allaitement. . . . . 8.500 » ; Primes d'encouragement aux enfants assistés qui se sont distingués par leur conduite et par leurs progrès 1.500 » ; Transport et conduite des enfants entrant à l'hospice dépositaire ou en sortant pour être placés. . . . 200 » ; Dots de jeunes filles à marier. . . . . . * . . . . 200 » ; Vêtures fournies par l'hôpital aux orphelins. . . . 1.000 » ; Imprimés et registres. . . . . 200 »	66.500 »	61.750 »	61.750 »	(2) Y compris 1/5 à la charge des communes.
Art. 3. — Somme mise à la disposition du préfet pour achat de 10 livrets de caisse d'épargne pour 5 garçons et 5 filles orphelins..	100 »	100 »	100 »	
Art. 4. — Service de l'inspection { Un commis . . . 2.401 50 ; Frais de tournées de l'inspecteur. 501 50	1.801 50	2.903 »	2.903 »	
Art. 5. — Indemnité au chef de bureau de comptabilité f^{ons} de régisseur comptable des enfants assistés, etc.	»	601 50	601 50	
Total du sous-chapitre V.	69.201 50	70.004 50	70.004 50	

DÉSIGNATION DES DÉPENSES	SOMMES ALLOUÉES au budget de 1881 soit par le décret de règlement, soit par décisions modificatives	SOMMES VOTÉES par le Conseil général	RÈGLEMENT SOMMES ALLOUÉES	OBSERVATIONS
SOUS-CHAPITRE VI				
ALIÉNÉS				
Article premier. — Dépenses pour un nombre moyen de 100 aliénés des deux sexes, et à raison de 456 fr. 25 pour la pension annuelle de chaque aliéné . . . . 45.625 »				
Frais de transport et de nourriture en route des aliénés indigents qui appartiennent au département 2.000 »	47.625 »	47.625 »	47.625 »	
Frais d'inspection et de surveillance des aliénés placés au compte du département				
Total du sous-chapitre VI	47.625 »	47.625 »	47.625 »	
SOUS-CHAPITRE VII				
ASSISTANCE PUBLIQUE				
Article premier. — Secours de routes et frais de transport pour les voyageurs indigents	3.000 »	3.000 »	3.000 »	
Art. 2. — Indemnité pour la propagation ou la conservation de la vaccine (*Arrête ministériel du 6 janvier 1859*)	10.301 50	10.301 50	10.301 50	Y compris 300 francs pour l'indemnité allouée au conservateur du vaccin.
Art. . — Secours aux sociétés maternelles	»	»	»	
Art. 3. — Protection des enfants du premier âge. (*Loi du 23 décembre 1874*)	1.150 »	1.500 »	(1) 1.500 »	(1) Confection et achat de registres et d'imprimés . . . . 1.000 Indemnité au médecin inspecteur . . . . 500 Égal 1.500
Art. . — Établissement de crèches	»	»	»	
Art. . — Subventions aux sociétés de secours mutuels. (*Décret du 13 décembre 1852*)	»	»	»	
Art. 4. — Subvention à la caisse de la société de prévoyance des employés de l'administration départementale	1.500 »	1.500 »	»	Reporté au sous-chapitre XIII.
Art. . — Bureau d'assistance judiciaire. (*Décret du 2 mars 1859*)	»	»	»	
Art. 5. — Dépôt de mendicité, maison de refuge, de secours ou hospice départemental, établi à pour les . Subvention du département pour contribuer aux dépenses ordinaires	3.000 »	3.000 »	3.000 »	
Art. 6. — Secours aux colons indigents	5.600 »	10.000 »	10.000 »	
Art. 7. — Subvention à des élèves sages-femmes	1.265 »	1.305 »	»	Reporté au sous-chapitre X.
Art. 8. — { Entretien de sourds-muets dans les institutions spéciales . . . . / Entretien de jeunes aveugles	7.300 »	7.300 »	7.300 »	
Art. 9. — Subvention aux hôpitaux et aux ambulances pour vieillards infirmes	15.000 »	75.000 »	75.000 »	
Art. 10. — Entretien de jeunes filles à l'établissement des sœurs du Bon-Pasteur	5.250 »	5.250 »	5.250 »	
Art. . — Subvention pour l'établissement de fourneaux économiques	»	»	»	
Art. 11. — Subvention à la Société de Sauvetage centrale . .	100 10	100 10	100 10	
Art. 11bis. — Id. id. section d'Oran .	»	100 10	100 10	
Art. 12. — Secours dans le cas d'extrême misère, d'accident ou de disette locale	3.000 »	9.000 »	9.000 »	
Art. . — Colonie de Mettray	»	»	»	
Art. . — Secours aux prisonniers	»	»	»	
Total du sous-chapitre VII	56.816 60	127.356 70	124.551 70	

DÉSIGNATION DES DÉPENSES	SOMMES ALLOUÉES au budget de 1881 soit par le décret de règlement soit par décisions modificatives	SOMMES VOTÉES par le Conseil général	RÈGLEMENT	
			SOMMES ALLOUÉES	OBSERVATIONS
SOUS-CHAPITRE VIII				
CULTES				
Néant				
SOUS-CHAPITRE IX				
ARCHIVES DÉPARTEMENTALES				
Art. 1ᵉʳ. — Appointements du conservateur des archives et des employés auxiliaires.	2.403 »	2.403 »	2.403 »	
Art. 2. — Dépouillement extraordinaire des archives, achat de cartons et établissement de tablettes.	150 »	150 »	150 »	
Art. . — Acquisitions de documents intéressant les archives.	»	»	»	
Art. . — Publication de l'inventaire. (*Circulaire du 12 août 1861*)	»	»	»	
Art. . — Inspection des archives communales.	»	»	»	
Total du sous-chapitre IX.	2.553 »	2.553 »	2.553 »	
SOUS-CHAPITRE X				
ENCOURAGEMENTS AUX LETTRES, AUX SCIENCES ET AUX ARTS				(1) Préfecture . . . . 500 f. 4 Sous-préfectures à 200 fr. chacune. . . . . 800 Bureau civil. . . . . 200 Egal. . . . . 1.500 f.
ARTICLE PREMIER. — Achats et reliures d'ouvrages d'administration pour la préfecture et les sous-préfectures	2.000 »	1.500 »	(1) 1.500 »	
Art. 2. — Encouragement à la ligue d'enseignement.	100 10	100 10	»	Reporté au sous-chapitre XV.
Art. . — Encouragement : Pour l'annuaire départemental . . . . Pour la statistique du département . . . . Pour la carte topographique du département. . . . . . . Pour la carte géologique				
Art. 3. — Encouragements aux sciences, aux lettres et aux arts : Souscription à la *Revue africaine* et à la *Gazette médicale* d'Alger . . . . 110 » Subvention à la Société du tir de Tlemcen . . 500 » Id. id. de Mostaganem. 500 » Id. id. d'Oran. . . . . 750 » Id. id. de Bel-Abbès . 500 » Société de géographie. . . . . 1.000 » Ecole de musique de . . . . 5.100 (2) » Ecole de dessin de . . . . Subvention à 2 élèves peintre . . . . . . 800 » Id. à 2 élèves en médecine. . . . . 1.900 » Id. à élève sculpteur . . . . Id. à élève musicien . . . . Timbres de quittances. . . . . 5 »	10.065 »	11.165 »	8.915 »	Le crédit de 2.250 fr. voté pour les sociétés de tir a été reporté au sous-chapitre XIII. (2) Oran. . . . . 800 f. Tlemcen. . . . . 500 Mascara. . . . . 500 Mostaganem. . . . . 500 Relizane. . . . . 800 Aïn-Temouchent . . . . . . 300 Perrégaux. . . . . 800 Nemours. . . . . 800 Saïda . . . . 200 Taria . . . . 100 Sourk-el-Mitou . . . . . . 100 Polikao . . . . 100 Lamoricière. . . . . 200 Tiaret . . . . 800 Oran (Indigène) . . . . . . 100 Inkermann· . . . . 200 Sig. 800
Art. . — Conservation de monuments historiques				
Art. . — Souscription pour le monument à la mémoire de				
Art. 4. — Subvention à la bibliothèque pédagogique. . . .	3.000 10	3.000 10	3.000 10	
A Reporter.	15.165.20	15.765.20	13.415.10	Egal 5.100

DÉSIGNATION DES DÉPENSES	SOMMES ALLOUÉES au budget de 1881 soit par le décret de règlement soit par décisions modificatives	SOMMES VOTÉES par le Conseil général	RÈGLEMENT — SOMMES ALLOUÉES	OBSERVATIONS
Report.	15.165.20	15.765.20	13.415.10	
Art. 5. — Entretien d'élèves aux écoles des arts-et-métiers de la métropole, de-Dellys ou à l'école centrale des arts et manufactures.	2.952 »	3.255 »	(1) 3.255 »	(1) Pour la métropole . . . . . . 1.000 f. Pour Dellys, ... 2.250 Timbres de quittances . . . . 5 EGAL. . . . . 3.255 f.
Art. .— École des mineurs d'Alais. (Ordonnance du 22 septembre 1843)	»	»	»	
Art. 6. — Part du département dans les dépenses de l'institut algérien.	15.000 25	20.000 50	20.000 50	
Art. 7. — Service des observations météorologiques.	2.600 10	2.600 10	2.600 10	
Art. 7 bis. — Subventions à des élèves sages-femmes	»	»	(2) 1.305 »	Reporté du sous-chapitre VII.
Art. 8. — Achat d'ouvrages arabes à offrir aux employés de la Préfecture qui suivent le cours de cette langue.	»	150.50	»	Reporté au sous-chapitre XIII.
Art. . — Cours d'accouchement et traitement du professeur	»	»	»	(2) Mmes Confex . . . . 100 f. Dejean . . . . 600 Gebel . . . . 600 Timbres de quittances . . . . 5 EGAL. . . . . 1.305 f.
Art. 9. — Subventions aux théâtres : Oran . . . . 3.000 » Mostaganem. . . . . 1.000 » Tlemcen . . . . 1.000 » Mascara. . . . . 1.000 » Bel-Abbès. . . . . 1.000 » Timbres de quittances. . . . . 5 »	7.005 »	7.005 »	7.005 »	
Articles non reproduits.	11.300 75	»	»	
Total du sous-chapitre X . . .	54.023 30	48.776 30	47.580.70	

SOUS-CHAPITRE XI

ENCOURAGEMENTS A L'AGRICULTURE ET A L'INDUSTRIE

DÉSIGNATION DES DÉPENSES	SOMMES ALLOUÉES au budget de 1881	SOMMES VOTÉES par le Conseil général	RÈGLEMENT — SOMMES ALLOUÉES	OBSERVATIONS
Art. 1er. — Encouragements à l'agriculture : Chambre d'agriculture (*Décret du 21 avril 1853*). . . . . 50 » Société d'agriculture. . . . . » Chaire d'enseignement. . . . . » Ferme modèle. . . . . » Comices agricoles . . . .(3) 10.002 » Achats de taureaux, béliers . . . . » Culture de mûriers . . . . » Curage des cours d'eau . . . . » Drainage, irrigations, forage de puits . . . 50.000 » Reboisement des montagnes. . . . . 30.000 » Société d'horticulture . . . . »	10.052 »	90.052 »	90.052 »	(3) Comice agricole de Oran . . . . 2.000 Mostaganem . . . . 1.000 Mascara . . . . 1.000 Bel-Abbès . . . . 1.000 Tlemcen . . . . 1.000 Relizane . . . . 1.000 Inkermann . . . . 1.000 Tiaret . . . . 1.000 Sig . . . . 1.000 Timbres de quittances . . . . 2 EGAL 10.002
Art. 2. — Encouragements pour l'amélioration de la race chevaline : Courses de chevaux. . . . .(4) 13.002 » Élève des chevaux. . . . . » Dépôt des remontes . . . . » École de dressage. . . . . » École d'équitation . . . . »	12.002 »	13.002 »	13.002 »	(4) Société hippique de Oran . . . . 4.000 Mostaganem . . . . 2.000 Mascara . . . . 1.000 Tlemcen . . . . 1.000 Bel-Abbès . . . . 1.000 Tiaret . . . . 1.000 Relizane . . . . 1.000 Nemours . . . . 1.000 Le Sig . . . . 1.000 Timbres de quittances . . . . 2 EGAL 13.002
Art. 3. — Traitements et indemnités aux vétérinaires.	4.711 50	4.711 50	(5) 4.711 50	(5) Ce crédit comprend 1,500 fr. pour le vétérinaire départemental, et 400 fr. pour chacun des vétérinaires des circonscriptions de Mostaganem, Relizane, Mascara, Tlemcen, Tiaret, Bel-Abbès, Saint-Denis-du-Sig et Arzew.
Art. 4. — Entretien d'élèves aux écoles vétérinaires d'Alfort, de Lyon ou de Toulouse	800 50	800 50	800 50	
A reporter.	27.566 »	108.566 »	108.566 »	

DÉSIGNATION DES DÉPENSES	SOMMES ALLOUÉES au budget de 1881 soit par le décret de règlement, soit par décisions modificatives	SOMMES VOTÉES par le Conseil général	RÈGLEMENT	
			SOMMES ALLOUÉES	OBSERVATIONS
Report	27.566 »	108.566 »	108.566 »	
ART. 5. — Mesures contre les épizooties	2.000 »	2.000 »	2.000 »	
ART. 6. — Primes pour la destruction des animaux nuisibles.	800 »	800 »	800 »	
ART. . — Dépenses des concours régionaux.	»	»	»	
ART. 7. — Bourses à l'école d'agriculture de Montpellier. . .	2.000 »	2.002 »	2.002 »	
ART. 8. — Frais de tournées du professeur d'agriculture . . .	2.002 »	2.002 »	2.002 »	
ART. . — Encouragements à l'industrie.	»	»	»	
ART. 9. — Location de terrains destinés au champ d'expériences de la chaire d'agriculture	30 »	30 »	30 »	
ART. 10. — Mesures de vigilance à prendre contre les affections de la vigne	»	10.000 »	10.000 »	
Total du sous-chapitre XI.	34.398 »	125.400 »	125.400 »	
SOUS-CHAPITRE XII				
SUBVENTIONS AUX COMMUNES				
ART. 1er. — Subvention pour les écoles arabes-françaises. . .	21.500 »	21.800 »	21.800 »	
ART. 2. — Id. pour les écoles secondaires de médecine et de pharmacie	3.751 »	3.751 »	3.751 »	
ART. . — Idem pour acquisitions, travaux et réparations d'églises, de mairies ou autres édifices communaux, autres que les écoles primaires	»	»	»	
ART. 3. — Télégraphes communaux, subventions aux communes	6.000 »	·6.000 »	6.000 »	(1)
ART. 4. — Subventions aux communes pour l'entretien de de leur collège.	23.000 »	(1) 23.000 »	23.000 »	Oran . . . . 15.000 » Mostaganem . . . . 4.000 » Tlemcen . . . . 4.000 » EGAL . . . 23.000 »
ART. 5. — Chemin d'Oran à Christel (somme à dépenser par le service de la voirie).	»	15.000 »	15.000 »	
Articles non reproduits	16.000 »	»	»	
Total du sous-chapitre XII. . . .	70.251 »	69.551 »	69.551 »	
SOUS-CHAPITRE XIII				
DÉPENSES DIVERSES				
ARTICLE PREMIER. — Frais de perception des revenus départementaux	3.600 »	3.600 »	3.600 »	
ART. . — Part contributive du département dans la dépense des travaux exécutés par l'Etat et qui intéressent le département	»	»	»	
ART. 2. — Loyers des prisons et des dépôts de sûreté :				
Tour n° 27 à Mostaganem . . . . 4 » Prison civile d'Aïn-Temouchent . . . . 1.000 »	1.005 » »	1.005 » »	1.005 » »	
A Reporter.	4.605 »	4.605 »	4.605 »	

DÉSIGNATION DES DÉPENSES	SOMMES ALLOUÉES au budget de 1881 soit par le décret de règlement, soit par décisions modificatives	SOMMES VOTÉES par le Conseil général	RÈGLEMENT — SOMMES ALLOUÉES	OBSERVATIONS
Report.	4.605 »	4.605 »	4.605 »	
Art. . — Portion à la charge du département dans les frais de confection des tables décennales de l'Etat civil. (*Décret du 20 juillet 1807*)	»	»	»	
Art. . — Reliure des actes de l'état civil déposés aux greffes des tribunaux	»	»	»	
Art. 3. — Dépenses du Conseil de salubrité	200 »	200 »	200 »	
Art. 4. — Mesures contre les épidémies. . . . . »	300 »	300 »	300 »	
Art. . — Indemnité au conservateur du mobilier départemental	»	»	»	
Art. 5. — Remboursements, restitutions et non-valeurs . . .	15.000 »	15.000 »	15.000 »	
Art. . — Avances pour travaux d'intérêt public à la charge des particuliers	»	»	»	
Art. 6. — Dépenses d'administration des populations musulmanes et frais de mission	14.700 »	14.700 »	14.700 »	
Art. 7. — Impressions : Frais d'impression du procès-verbal des délibérations du Conseil général, des rapports de la Commission départementale et du Préfet . . . . [1] 10.150 50 Frais d'impression des budgets et des comptes départementaux . . . . 2.500 » Frais d'impression du procès-verbal des délibérations des Conseils d'arrondissement et des rapports des Sous-Préfets . . . . Frais d'impression des cartes d'électeurs . . . . . Impressions diverses, travaux d'intérêt départemental, etc . . . . : (2) 2.000 »	14.650 50	14.650 50	14.650 50	[1] Y compris 150 fr. 50 pour le Recueil des vœux du Conseil général. [2] Frais d'impression du Recueil des actes de la Préfecture [somme accordée pour donner une plus grande publicité à ce document.]
Art. 7 bis. — Location du logement du Secrétaire général de la préfecture.	»	2.000 »	2.000 »	
Art. 8. — Secours à d'anciens employés ou à leur famille, savoir : Veuve Valleix. . . . . 200 » — Maurel. . . . . 200 » — Laglaine . . . . 200 » — Evesque . . . . 200 » — Cauvin. . . . . 200 » MM. Sivilla. . . . . 50 » Villeneuve . . . . 200 » Arnould . . . . 200 » Prévisions . . . . 551 »	1.401 »	2.001 »	2.001 »	Augmentation de 1 fr. pour timbres de quittances.
Art. 8 bis. — Subvention à la caisse de la Société de prévoyance des employés de l'Administration départementale.	»	»	1.500 »	Reporté du sous-chapitre VII.
Art. 9. — Société protectrice des animaux	100 10	100 10	100 10	
Art. 9 bis. — Indemnités aux employés de la préfecture pour travaux supplémentaires à l'occasion de la tenue des sessions du Conseil général et de la Commission départementale . .	3.000 »	3.000 »	3.000 »	
Art. 10. — Gratifications pour belles actions	800 »	800 »	800 »	
Art. 10 bis. — Subventions aux sociétés de tir	»	»	2.250 »	Reporté du sous-chapitre X.
Art. 11. — Part contributive du département pour frais du bureau et de tournée du commandant des compagnies des pontonniers.	»	»	»	
Art. 11 bis. — Service des emprunts départementaux, savoir : Délibérations des 10 avril 1880 et 6 mai 1881. { Intérêt de l'emprunt. (3) / Remboursement. . . . 134.911.65 / Timbre, enregistrement 500 » / Droits et taxes . . . . Loi du 18 { Intérêt de l'emprunt. . / Remboursement. . . . / Timbre, enregistrem^{ent}. / Droits et taxes . . . . } »	76.500 23	155.411 65	155.411 65	(3) Emprunt de 845.000 f. contracté en 1880 . . . . 76.000 23 Emprunt de 655.000 f contracté en 1881 . . . . 58.911 42 Emprunt des 3.000.000 pour les chemins vicinaux [première annuité d'amortissement sur 500.000 fr.) . . . . 20.000 » Timbre et enregistrement. 500 » Égal. 155.411 05
A reporter.	131 256 83	212 768 25	216.518 25	

Budget ordinaire. — Dépenses.

DÉSIGNATION DES DÉPENSES	SOMMES ALLOUÉES au budget de 1881 soit par le décret de règlement, soit par décisions modificatives	SOMMES VOTÉES par le Conseil général	RÈGLEMENT SOMMES ALLOUÉES	OBSERVATIONS
Report. . . .	131.256 83	212.768 25	216.518 25	
Art. 12. — Renouvellement et entretien du mobilier de l'hôtel de la division	6.000 »	2.400 »	2.400 »	
Art. 12 bis. — Dépenses de la Commission départementale. .	1.200 »	1.200 »	1.200 »	
Art. 13. — Frais de tenue du Conseil général	2.800 »	2.800 »	2.800 »	
Art. 14. — Traitement de l'employé du Conseil général . . .	3.501 50	3.501 50	3.501 50	
Art. 15. — Habillement des huissiers et garçons de bureau du Conseil général de la Préfecture et des Sous-Préfectures (11 à 150 fr.).	150 50	1.652 »	1.652 »	
Art. 16. — Missions et enquêtes intéressant les services provinciaux et les communes.	2.500 »	2.500 »	2.500 »	
Art. 17. — Bibliothèques des tribunaux et justices de paix : Bibliothèque du Tribunal civil d'Oran. . . . . 600 » / Id. id. de Mostaganem. 500 » / Id. id. de Tlemcen . . 500 » / Id. id. de Mascara. . . 500 » / Id. id. de commerce. . . 100 » / Id. des justices de Daya à Sebdou . 200 » / Timbres de quittances . . . . 4 » / Egal. . . . . . 2.404 »	2.904 »	3.004 »	3.004 »	Augmentation de 400 fr. en faveur de la Justice de paix de Zemmorah, et 200 fr. pour le Tribunal de commerce d'Oran.
Art. 18. — Frais de passage des employés départementaux. .	1.000 »	1.000 »	1.000 »	
Art. 19. — Prévisions de dépenses pour création ou augmentation de postes de gendarmerie.	10.000 »	10.000 »	10.000 »	
Art. 20. — Dépense de diverses commissions qui se réunissent à la Préfecture.	300 »	300 »	300 »	
Art. 21. — Indemnité au Secrétaire du Conseil de révision. .	200 10	200 10	200 10	
Art. 22. — Subvention à la société la Jeunesse d'Oran	600 10	600 10	600 10	
Art. 23. — Frais pour le service de la voiture cellulaire . . .	»	8.000 »	8.000 »	
Art. 24. — Subvention à l'établissement de Mademoiselle des Ravières.	»	1.000 10	1.000 10	
Art. 24 bis. — Achat d'ouvrages arabes à offrir aux employés de la Préfecture qui suivent le cours de cette langue	»	»	150 50	Reporté du sous-chapitre X.
Art. 25. — Réserve pour dépenses diverses et imprévues. (*Décret du 23 septembre 1875*).	113.592 97	158.229 98	157.029 48	1.200 50 ont été reportés au sous-chapitre 1er art. 9. D. du 30 mai 1852.
Articles non reproduits.	90 10	»	»	
Total du sous-chapitre XIII . . .	276.096 10	409.156.03	411.856.03	

SOUS-CHAPITRE XIV

DETTES DÉPARTEMENTALES

AFFÉRENTES A DES DÉPENSES NON OBLIGATOIRES

Total du sous-chapitre XIV . . .				

DÉSIGNATION DES DÉPENSES	SOMMES ALLOUÉES au budget de 1881 soit par le décret de règlement soit par décisions modificatives	SOMMES VOTÉES par le Conseil général	RÈGLEMENT	
			SOMMES ALLOUÉES	OBSERVATIONS
SOUS-CHAPITRE XV				
INSTRUCTION PUBLIQUE				
§ 1ᵉʳ. MINISTÈRE DE L'INTÉRIEUR				
ART. 1.— Frais de bureau de l'inspecteur d'académie	850. 50	»	»	Supprimé.
ART. 2.— Indemnité de logement au commis de l'inspecteur .	501 50	501 50	501 50	
ART. 3. — Entretien de bourses dans les collèges du département	14.905 »	14.905 »	14.905 »	
ART. — { Entretien d'élèves à l'école normale de Cluny . Subvention à la même école.	»	»	»	
ART. 4.— Frais de publication du bulletin de l'instruction publique.	1.001 »	1.001 »	1.001 »	
ART. 5. — Subvention à la Médersa de Tlemcen	6.000 »	6.000 »	6.000 »	
ART. 6. — Indemnité aux inspecteurs primaires	1.803 60	3.010 »	3.010 »	Augmenté de 1,200 fr. pour deux inspecteurs en plus.
ART. 7.— Bourses à l'école normale d'Alger.	8.102 »	8.102 »	8.102 »	Y compris 2 fr. pour timbre de quittance.
ART. 8.— id. au collège arabe-français (Lycée d'Alger).	8.002 »	17.805 »	17.805 »	id. 5 fr. id.
ART. 9.— id. à l'école normale de Milianah	4.200 50	4.200 50	4.250 »	id. 0 fr. 50 id.
ART. 10.— Encouragements aux classes d'adultes	3.002 »	3.002 »	3.002 »	id. 2 fr. id.
ART. 10 bis. — Subvention aux professeurs du collège d'Oran pour les cours aux jeunes filles.	2.402 »	2.402 »	2.402 »	id.
ART. 11. — Indemnité aux membres des commissions d'examen	502 »	502 »	502 »	id.
ART. 12.— Frais de transport d'Oran à destination de cartes et de globes accordés aux écoles par le ministre de l'instruction publique	300 »	500 »	500 »	Augmenté de 200 fr..
ART. 13.— 1° Bourse accordée au fils aîné de Madame Vᵉ Hostain, au Lycée d'Alger jusqu'à la fin des études. . . 801 » 2° Complément de bourse au même Lycée, en faveur du jeune Haffner. . . . . 401 »	1.202 »	1.202 »	1.202 »	Y compris 2 fr. id.
ART. 14. — Cours d'arabe de la Préfecture.	452 »	452 »	452 »	Indemnité au professeur....... 400 fr. Matériel..................... 50 Timbres de quittances........ 2 ———— EGAL..... 452
ART. 15. — Caisse des écoles. — Cotisation du Conseil général.	12 10	12 10	12 10	
ART. 16. — Traitement d'une Inspectrice des salles d'asiles. .	1.101 50	1.101 50	1.101 50	
ART. 16 bis.— Subvention à la Ligue de l'enseignement . . .	»	»	100 10	Reporté du sous-chapitre X.
ART. 17. — Pour les conférences pédagogiques.	1.505 »	1.510 »	1.510 »	Indemnités.................... 1,500 fr. Timbres..................... 10
ART. 18. — Traitement d'un inspecteur primaire.	»	4.701 50	4.701 50	
ART. 19. — Part du département dans les frais de traitement des instituteurs suppléants.	»	3.005 »	3.005 »	Pour deux instituteurs et une institutrice suppléants.
ART. 20. — Frais d'impression du règlement des écoles maternelles.	»	30 »	30 »	
ART. 21. — Subvention à madame veuve Delagrange (Frais d'entretien de son fils au Lycée d'Alger).	»	801 »	801 »	
ART. 22. — Subvention à l'élève Martinole (Frais d'entretien de son fils au Collège de Tlemcen).	»	601 »	601 »	
ART. 23. — Subvention à l'élève Soulier (Frais d'entretien au Collège d'Oran)	»	451 »	451 »	
Total du sous-chapitre XV. . . .	55.694.70	75.698.10	75.798.20	

DÉSIGNATION DES DÉPENSES	SOMMES ALLOUÉES au budget de 1881 soit par le décret de règlement soit par décisions modificatives	SOMMES VOTÉES par le Conseil général	RÈGLEMENT	
			SOMMES ALLOUÉES	OBSERVATIONS
SOUS-CHAPITRE XVI				
CADASTRE				
ART. . — Dépenses à imputer sur les ressources ordinaires du budget.				
§ 2. — MINISTÈRE DES FINANCES				
ART. . — Dépenses à imputer sur le produit de l'imposition autorisée par la loi du 2 août 1820				
CRÉDIT à ordonnancer par le Ministre des finances , . .				
REPORT du paragraphe 1er.				
Total du sous-chapitre XVI. . . .				

RÉCAPITULATION (Dépenses)

Sous-Chapitre	1. Dépenses obligatoires	125.157 50	123.092 50	142.371 »
id.	2. Propriétés départementales immobilières. .	50.182 »	47.311 07	29.233 07
id.	3. Routes départementales	45.000 »	50.000 »	50.000 »
id.	4. Chemins vicinaux, chemins de fer d'intérêt local.	990.476 20	747.233 80	747.233 80
id.	5. Enfants assistés.	69.201 50	70.004 50	70.004 50
id.	6. Aliénés	47.625 »	47.625 »	47.625 »
id.	7. Assistance publique	56.816 60	127.356 70	124.551 70
id.	8. Cultes.	»	»	»
id.	9. Archives départementales	2.553 »	2.553 »	2.553 »
id.	10. Encouragements aux lettres, aux sciences et aux arts.	54.023 30	48.776 30	47.580 70
id.	11. Encouragements à l'agriculture et à l'industrie.	34.398 »	125.400 »	125.400 »
id.	12. Subventions aux communes	70.251 »	69.551 »	60.551 00
id.	13. Dépenses diverses.	276.096 10	409.156 03	411.856 03
id.	14. Dettes départementales	»	»	»
id.	15. Instruction publique.	55.694 70	75.698 10	75.798 20
id.	16. Cadastre	»	»	»
Dépenses non reproduites en 1882		»	»	»
	Total des dépenses ordinaires. . . .	1.877.474 90	1.943.758 »	1.943.758 »

RECETTES DÉPARTEMENTALES EXTRAORDINAIRES

DÉSIGNATION DES RECETTES	SOMMES ALLOUÉES au budget de 1881 soit par le décret de règlement soit par décisions modificatives	SOMMES VOTÉES par le Conseil général	RÈGLEMENT	
			SOMMES ALLOUÉES	OBSERVATIONS
RECETTES DE 1882				
ARTICLE PREMIER. — Impositions extraordinaires perçues en vertu de lois spéciales				
ART. 2. — Emprunts réalisables en exécution du décret du 23 septembre 1875				
Emprunts à réaliser en vertu de lois spéciales.				
ART. 3. — Produits éventuels du budget extraordinaire. (*Décret du 23 septembre 1875 art. 59*).				
1° Produits des biens aliénés :				
Cessions de terrains ou de bâtiments				
Vente de matériaux.				
Vente de mobilier hors de service.	600 »	900 »	900 »	
Vente de vieux papiers				
2° Dons et legs.				
3° Remboursement de capitaux exigibles et de rentes rachetées . .				
Reversement pour trop payé sur les ressources extraordinaires. .				
4° Recettes accidentelles . . . . . 900 » 900 »				
Recettes non reproduites	»	»	»	
Total général des recettes extraordinaires . . .	600 »	900 »	900 »	

DÉPENSES DÉPARTEMENTALES EXTRAORDINAIRES

DÉSIGNATION DES DÉPENSES	SOMMES ALLOUÉES au budget de 1881 soit par le décret de règlement, soit par décisions modificatives	SOMMES VOTÉES par le Conseil général	RÈGLEMENT	
			SOMMES ALLOUÉES	OBSERVATIONS
SOUS-CHAPITRE XVII				
DÉPENSES IMPUTABLES SUR IMPOSI-TIONS EXTRAORDINAIRES				
§ 1ᵉʳ				
Emploi de l'imposition extraordinaire autorisée par la loi spéciale du				
Aʀт.				
Total du § 1ᵉʳ				
§				
Emploi de l'imposition extraordinaire autorisée par la loi spéciale du				
Aʀт.				
Total du §				
§				
Service des emprunts départementaux				
Aʀт. . Délibération du 18 Intérêts de l'emprunt . . / Remboursement . . . . / Timbre, enregistrement. / Droits et taxes				
Aʀт. . Délibération du 18 Intérêts de l'emprunt . . / Remboursement . . . . / Timbre, enregistrement. / Droits et taxes				
Aʀт. . Délibération du 18 Intérêts de l'emprunt . . / Remboursement . . . . / Timbre, enregistrement. / Droits et taxes				
Aʀт. . Loi du 18 Intérêt de l'emprunt. . . / Remboursement . . . . / Timbre, enregistrement. / Droits et taxes				
Aʀт. . Loi du 18 Intérêts de l'emprunt . . / Remboursement . . . . / Timbre, enregistrement. / Droits et taxes				
Total du §				

DÉSIGNATION DES DÉPENSES	SOMMES ALLOUÉES au budget de 1881 soit par le décret de règlement soit par décisions modificatives	SOMMES VOTÉES par le Conseil général	RÈGLEMENT	
			SOMMES ALLOUÉES	OBSERVATIONS
RÉCAPITULATION. § 1ᵉʳ. Loi du 10 août 1871				
— § . Loi du				
— § . Loi du				
— § . Loi du				
— § . Loi du				
— § . Loi du				
— § . Loi du				
Total du sous-chapitre XVII . . .				

SOUS-CHAPITRE XVIII

DÉPENSES IMPUTABLES SUR FONDS D'EMPRUNTS

§ 1ᵉʳ

(Loi ou délibération du .)

Emprunt départemental de   fr. contracté
pour

Situation de cet emprunt

Le montant de l'emprunt autorisé est de				SITUATION DE L'AMORTISSEMENT
1° Il a été ordonnancé sur les exercices antérieurs à 18				Il aura été remboursé au 31 décembre 18 . . . .
2° Il a été porté en crédit au budget départemental de 18				Il sera remboursé en 18. . . .
Le département peut donc encore disposer de . . .				TOTAL . . . .
On propose d'affecter aux besoins de l'exercice une somme de				

Emploi détaillé de la portion d'emprunt pour 18

ARTICLE PREMIER. — (Même détail qu'au sous-chapitre XVII.)

Total du § 1ᵉʳ.				

SOUS-CHAPITRE XIX

DÉPENSES IMPUTABLES SUR LES PRODUITS ÉVENTUELS EXTRAORDINAIRES

ARTICLE PREMIER. — Frais de perception.				
ART. . — Frais de vente et d'enregistrement relatifs à la cession de propriétés immobilières.				
ART. 2. — Frais de vente immobilières :				
Matériaux				
Mobilier hors de service				
Vieux papiers				
ART. . — Frais d'enregistrement relatifs aux dons ou legs faits au département.				
Total du sous-chapitre XIX. . . .				

DÉSIGNATION DES DÉPENSES	SOMMES ALLOUÉES au budget de 1881 soit par le décret de règlement, soit par décisions modificatives	SOMMES VOTÉES par le Conseil général	RÈGLEMENT	
			SOMMES ALLOUÉES	OBSERVATIONS
RÉCAPITULATION				
Sous-Chapitre 17. Centimes extraordinaires				
id. 18. Emprunts départementaux.				
id. 19. Produits éventuels extraordinaires.				
Total des dépenses extraordinaires. . . .				

RÉCAPITULATION DES DEUX BUDGETS

RECETTES

Recettes ordinaires	1.877.474 90	1.943 758 »	1.943.758 »	
Recettes extraordinaires.	600 »	900 »	900 »	
Total GÉNÉRAL des recettes.	1.878.074 90	1.944.658 »	1.944.658 »	

DÉPENSES

Dépenses ordinaires.	1.877.474 90	1.943.758 »	1.943.758 .	
Dépenses extraordinaires	»	»	»	
Total GÉNÉRAL des dépenses.	1.877.474 90	1.943.758 »	1.943.758 »	
BALANCE. . . { Total des recettes.	1.878.074.90	1.944.658 »	1.944.658 »	
{ Total des dépenses	1.877.474 90	1.943.758 »	1.943.758 »	
EXCÉDANT de recettes.	600 »	900 »	900 »	

Dressé par le Préfet d'Oran.

A Oran, le 1ᵉʳ septembre 1880.

Le Préfet,

LAUGIER-MATHIEU.

Délibéré par le Conseil général du département.

A Oran, le 29 octobre 1881

Signé : Turot (Président). — Lousteau. — Baquet. — Jamelin. — Vinciguerra. — Fouque (Laurent). — Dubreuil. — Vagnon. — Astier. — Rouire — Suzzarini. — Tommasini. — Priou. — Bézy. — Kanoui (Simon). — Cély. — Fauqueux — Autun. — Mohamed-ben-Daoud. — Hadj-Hassen. — Ben-Abdallah-Ould-Sidi-el-Aribi.

Va pour être annexé au décret du 30 mai 1882

POUR COPIE CONFORME :

Le Chef du 1ᵉʳ Bureau (Intérieur),

V. MÜLLER.

POUR AMPLIATION :

Le Directeur du Secrétariat et de la Comptabilité,

H. ROUSSEAU.

POUR LE MINISTRE DE L'INTÉRIEUR ET POUR LE SOUS-SECRÉTAIRE D'ÉTAT,

Le Chef du Service de l'Algérie.

Signé : E. DELABARRE.

Le Président de la République française,

Vu le décret du 23 septembre 1875, sur l'organisation des Conseils généraux de l'Algérie ;
Vu le décret du 26 août 1881, sur l'organisation administrative de l'Algérie ;
Vu le projet du budget des recettes et des dépenses du département d'Oran pour l'exercice 1882 ;
Vu les délibérations prises par le Conseil général du dit département dans sa session d'octobre 1881 ;
Vu le décret rendu à la date de ce jour, le Conseil d'État entendu, et prescrivant l'inscription d'office au dit budget d'une somme de 1,200 fr. 50, nécessaire au paiement du loyer et de l'entretien du bureau de l'Inspecteur d'Académie d'Oran ;
Vu les propositions du Gouverneur général de l'Algérie ;
Sur le rapport du Ministre de l'Intérieur ;

DÉCRÈTE :

ARTILE PREMIER. — Le budget des recettes et des dépenses du département d'Oran, pour l'exercice 1882, est définitivement arrêté, d'après les délibérations du Conseil général, conformément au tableau ci-annexé, SAVOIR :

BUDGET ORDINAIRE

RECETTES.	1.943.758 fr. »
DÉPENSES.	1.943.758 »

BUDGET EXTRAORDINAIRE

RECETTES.	900 »
DÉPENSES.	»

RÉCAPITULATION

RECETTES.	1.944.658 »
DÉPENSES.	1.943.758 »
EXCÉDANT DES RECETTES	900 »

ARTICLE 2. — Le Ministre de l'Intérieur est chargé de l'exécution du présent décret, qui sera inséré au bulletin officiel du Gouvernement général de l'Algérie.

Fait à Paris, le 30 mai 1882.

COLLATIONNÉ :

Le Chef du Bureau des Archives,

Signé : DESJARDINS.

Signé : JULES GRÉVY.

Par le Président de la République :
Le Ministre de l'Intérieur,
Signé : RÉNÉ GOBLET.

POUR COPIE CONFORME :

Le Chef du 1er Bureau (Intérieur),

V. MÜLLER.

POUR AMPLIATION :

Le Directeur du Secrétariat de la Comptabilité,

Signé : H. ROUSSEAU.

Sur le rapport du Ministre de l'Intérieur ;

Vu les articles 60 et 61 du décret du 23 septembre 1875, sur les Conseils généraux de l'Algérie ;

Vu la délibération du 14 octobre 1881, par laquelle le Conseil général d'Oran a refusé d'inscrire au budget départemental le crédit nécessaire pour le loyer et l'entretien du bureau de l'Inspecteur d'Académie ;

Le Conseil d'Etat entendu ;

DÉCRÈTE :

ARTICLE PREMIER. — La somme de *douze cents francs cinquante centimes* (1,200 fr. 50), nécessaire au paiement du loyer et de l'entretien du bureau de l'Inspecteur d'Académie d'Oran, sera prélevée sur le crédit de 158,229 fr. 98, inscrit au chapitre XIII (Réserve pour dépenses imprévues) du budget départemental d'Oran, exercice 1882.

ARTICLE 2. — Le Ministre de l'Intérieur est chargé de l'exécution du présent décret.

Fait à Paris, le 30 mai 1882.

COLLATIONNÉ :

Le Chef du Bureau des Archives,

Signé : DESJARDINS.

Signé : JULES GRÉVY.

Par le Président de la République :

Le Ministre de l'Intérieur,

Signé : RÉNÉ GOBLET.

POUR COPIE CONFORME :

Le Chef du 1er Bureau (Intérieur),

V. MÜLLER.

POUR AMPLIATION :

Le Directeur du Secrétariat et de la Comptabilité,

Signé : ROUSSEAU.